NOUVELLES LECTURES GRADUÉES.

DEUXIÈME PARTIE.

PAR H.-A. DUPONT, INSTITUTEUR,

Auteur de la Citolégie, etc., Membre de la Société grammaticale et de la Société des méthodes de Paris.

PARIS, chez COLAS, Libraire, rue Dauphine, n.° 32.
NANCY, chez l'AUTEUR, rue Callot, n.° 7.
STRASBOURG, chez FÉVRIER, Libraire.
LUNÉVILLE, chez CREUSAT, Libraire.
Et chez les principaux Libraires des départements.

1833.

NOUVELLES
LECTURES
GRADUÉES.

DEUXIÈME PARTIE.

PAR H.-A. DUPONT, INSTITUTEUR,

Auteur de la Citolégie, etc., Membre de la Société grammaticale et de la Société des méthodes de Paris.

PARIS, chez COLAS, Libraire, rue Dauphine, n.° 32.
NANCY, chez l'AUTEUR, rue Callot, n.° 7.
STRASBOURG, chez FÉVRIER, Libraire.
LUNÉVILLE, chez CREUSAT, Libraire.
METZ, chez M.me THIEL, Libraire.

Et chez les principaux Libraires des départemenst.

1833.

L'AUTEUR s'est conformé aux lois qui protégent les propriétés littéraires. Il poursuivra les contrefacteurs. Il désavoue tout exemplaire qui ne porte pas sa signature.

Dupont

NANCY, IMPRIMERIE DE RICHARD-DURUPT, rue des Maréchaux, n. 10.

PRÉFACE.

Dans ce volume, nous cherchons déjà à étendre les idées de l'élève sans trop sortir du cercle que nous nous sommes tracé; savoir:

N'employer que des mots de deux syllabes;

Eviter les longues phrases;

Ne parler que de ce que l'élève connaît, au moins en grande partie;

Expliquer les mots qui paraissent être inconnus ou peu connus de l'élève;

Et rappeler, autant que possible, les principaux faits de lecture élémentaire.

La conviction intime que nous faisions un ouvrage utile qui manquait aux écoles, nous a soutenu dans les entraves de cette rédaction plus désagréable qu'on ne pense.

Afin que l'élève lise plus facilement chaque phrase, nous avons eu le soin de diviser les plus longues en faisant des alinéa de chaque portion de phrase qui offre une sorte de repos. Les Instituteurs réfléchis apprécieront cette attention.

Nous continuerons à imprimer en caractère italiqué

les consonnes muettes à la fin des mots et dans les mots, traitant ainsi implicitement une partie difficile de la lecture, la liaison des consonnes finales.

Nous devons avertir que notre ouvrage n'étant qu'un entretien familier avec nos élèves, nous n'indiquons que les liaisons ordinaires dans la conversation. On sait qu'il y en a bien davantage dans le discours soutenu.

LECTURES GRADUÉES.

C'EST bien, mon cher enfant; vous vous êtes levé de vous-même à l'heure fixée par votre papa.

Il faut vous lever ainsi tous les jours:

vous en serez plus gai, plus content.

Quand vous serez lavé et peigné,

vous ferez vos prières.

Un bon enfant les fait le matin et le soir.

Il n'y manque jamais.

Il prie pour lui, pour ses parents et pour ses amis.

Il prie même pour les gens qui ne l'aiment pas.

Un bon enfant, un enfant soigneux se lave et se peigne tous les jours, dès qu'il se lève.

Il est toujours propre.

S'il se salit en faisant quelque chose,

il se lave tout de suite.

On aime bien les enfants propres.

Bonjour papa; bonjour maman; comment avez-vous passé la nuit.

Un bon enfant parle ainsi à ses parents chaque matin en sortant de sa chambre.

Je suis sûr que vous n'y manquez jamais;

car vous aimez vos parents.

Quel plaisir ne goûtez-vous pas

quand vos parents sont contents de vous?

Ah! ne leur faites jamais de la peine, à ces bons parents!

Pensez à chaque instant à tout ce qu'ils font pour vous.

N'oubliez jamais que c'est à eux que vous devez tout.

Votre maman vous a soigné pendant que vous ne saviez ni parler ni marcher.

C'est elle qui vous a d'abord lavé et peigné chaque main.

C'est elle qui vous a enseigné à marcher.

C'est aussi d'elle que vous avez appris à parler.

C'est de votre maman que vous avez appris vos prières.

Elle vous les a fait dire chaque matin et chaque soir.

Voyez les soins qu'on prend d'un jeune enfant,

et pensez y tous les jours.

Sa mère ne dort jamais bien la nuit :

Si elle l'entend tousser ou remuer,

elle se lève et va vers lui :

Elle craint qu'il n'ait mal.

S'il pleure, que ne fait-elle pas pour le calmer ?

Pense*z* don*c* souven*t* à votre maman.

Pensez-y surtout avan*t* de faire une chose qui peu*t* lui faire de la peine.

E*ll*e vous aime tan*t*, ce*tt*e maman!

Suive*z* toujour*s* le*s* bon*s* conseil*s* qu'e*ll*e vou*s* do*n*ne;

c'e*st* le moyen d'être toujours heureu*x*.

Vou*s* ne deve*z* guère moin*s* à votre papa:

Il vous aime beaucou*p* au*ss*i.

Il jou*e* avec vou*s* quand il le peut;

il vou*s* do*n*ne de*s* joujou*x*;

il vou*s* do*n*ne même de*s* leçon*s*,

quand il en a le temps.

C'est lui qui a choisi le maître qui vous instruit;

c'est aussi lui qui le paie.

Votre papa paie aussi le marchand

qui fournit du drap pour vos habits.

Il paie aussi le tailleur.

C'est enfin lui qui paie tout ce qui vous sert.

Dans tout ce qu'il fait, votre papa pense à vous.

Il veut que vous soyez heureux.

Il fait tout ce qu'il peut pour que vous soyez heureux.

Aimez donc bien votre papa;

et faites tout ce que vous pourrez pour lui faire plaisir.

Votre papa et votre maman sont vos plus proches parents.

Vos grands-papas et vos grands-mamans sont vos grands parents.

Ils sont très bons pour vous.

Ils ont soigné votre papa et votre maman quand ils étaient petits comme vous.

Quand votre maman ne peut pas vous soigner, c'est votre grand'maman qui vous soigne.

Voyez avec quel plaisir elle le fait.

Vos grands-papas et vos grands-mamans vous aiment beaucoup.

Vou*s* dîne*z* chez eu*x* le dimanche.

Il*s* vou*s* do*n*ne*nt* de*s* joujou*x*.

Ne faite*s* jamai*s* rien qui pui*s*se faire de la peine à vo*s* gran*ds* paren*ts*.

Plus il*s* son*t* vieu*x* e*t* plus il faut être genti*l* avec eu*x* :

un bon enfan*t* ne manque jamais à cela.

Co*m*men*t* se no*m*me ce*t*te petite fille qui entre dan*s* l'école?

E*l*le se no*m*me Juli*e*.

C'e*s*t un for*t* bon suje*t*.

Entrons avec e*l*le dan*s* l'école.

Juli*e* salu*e* sa maître*s*se.

Voye*z* quel joli ton.

E*ll*e s'a*s*sied à sa place.

E*ll*e ouvre son tiroir.

Juli*e* en sor*t* se*s* livre*s*.

E*ll*e étudi*e* se*s* leçon*s*.

Juli*e* sai*t* toujour*s* se*s* leçon*s*.

E*ll*e gagne chaque jour plusieur*s* bon*s* bi*ll*e*ts*.

A*ll*on*s* voir son tiroir.

Tout y e*st* for*t* bien.

Se*s* cahier*s* son*t* trè*s* propre*s*.

Il*s* son*t* presque fini*s*;

et il*s* ne son*t* poin*t* taché*s*.

Toute*s* le*s* pages en son*t* faites avec soin.

Se*s* livre*s* son*t* propres au*s*si.

On dirai*t* qu'il*s* son*t* neuf*s*.

Il*s* lui serv*ent* pourtan*t* depui*s* plu*s* de deux an*s*.

Elle en a grand soin.

Oh! j'aime bien Julie.

Voyez aussi comme elle est propre sur elle-même.

Bonjour, gentille Julie.

Soyez toujours propre et rangée.

Jules est un petit garçon bien gai.

Il ne ſait jamais rien qui puisse le faire gronder.

On peut jouer avec lui tant qu'on veut.

Il ne se fâche jamais.

Quand un jeu lui déplait, il le dit si poliment, qu'on en change tout de suite.

Lui fait-on mal en jouant?

il ne pleure pas pour cela; il sait que cela n'est pas bien. Hier, son oncle le faisait sauter; il le faisait sauter bien fort. Jules lui dit: mon oncle, je voudrais bien ne plus sauter. Je vous prie de me mettre à terre.

Son oncle le mit à terre aussitôt.

Jules a un cousin qui loge près de lui.

Ce cousin n'est pas aussi sage que Jules.

Aussi on ne l'aime point.

Il a peu de joujoux.

Jules en a beaucoup.

Il ne sait où les mettre.

Chacun lui en donne.

Jules est si gentille!

Tout le monde l'aime.

Son oncle lui a donné un joli livre relié.

Son parrain lui donna un très beau porte-feuille.

Jules ne pleure jamais quand il lui manque quelque chose.

Il n'a jamais envie de ce qu'il voit dans les mains des autres.

Quand vous serez aussi sage que Jules, vous serez aussi heureux que lui.

La petite Sophie obéit toujours au moment où on lui parle.

On n'a jamais la peine de lui dire deux fois les choses.

Si quelqu'un lui dit:
Comment vous portez-vous?
Comment va votre maman?
Elle répond tout de suite,
comme une grande fille:
fort bien, Monsieur;
très-bien, Madame;
je vous remercie.
Et elle dit tout cela,
nettement et poliment.
J'ai vu de petites filles
qui parlent si bas, si bas!
qu'on ne les entend point.
Si on les prie de chanter,
ou de réciter quelque chose,
on les voit baisser la tête,

et hausser les épaules.
On n'aime pas ces filles-là.
Sophie est plus aimable.
Si on la prie de chanter,
elle chante tout de suite.
Avant d'entrer dans la maison,
elle nettoie bien ses souliers.
Quand elle a fini de jouer,
elle serre tous ses joujoux.
Aussi elle n'en perd jamais.
Sophie a deux jeunes sœurs.
Elle est très bonne pour elles.
Elle habille leurs poupées.

Le tems est très beau ce matin;
si vous lisez bien,
vous viendrez au jardin avec moi.

Oh! je lirai bien, papa: j'irai au jardin avec vous.

Quel bonheur! j'irai au jardin!

Ne lisez pas si vîte; voyez les syllabes l'une après l'autre.

Vous ne lirez bien, qu'en lisant comme je vous dis de lire.

Vous avez bien lu cette page:

Je suis content de vous;

Mais vous n'avez pas assez lu:

il faut lire encore trois pages.

Vous devez être bien content: voilà encore une page bien lue.

Il ne vous reste plus que deux pages à lire.

J'ai bien de la peine à lire vîte.

Je voudrai*s* pourtan*t* lire vîte; j'aurai*s* plutô*t* lu me*s* deu*x* page*s*.

Faite*s* comme je vous ai di*t* : voyez bien d'abor*d* chaque sy*l*labe;

ne vou*s* pressez pa*s* tro*p*, et bientô*t* vou*s* lirez vîte.

Voyez toute*s* le*s* sy*l*labe*s* de ce*t*te ligne;

n'en pa*s*sez pas une seule.

Lisez à présen*t* toute la ligne.

O*h*! c'e*st* vrai, quand on a vu toute*s* le*s* sy*l*labe*s* l'une aprè*s* l'autre,

on li*t* bien plu*s* vîte.

On n'apprend à lire vîte que peu à peu.

Vous lisez beaucoup mieux que le mois passé.

Le mois prochain vous lirez encore mieux;

et bientôt vous lirez aussi bien que moi.

Je serai bien content quand je lirai comme vous.

Pour bien lire, il faut lire souvent;

et il faut lire toujours avec beaucoup de soin.

Allons, lisons une autre page: il est déjà dix heures sonnées.

Le jardinier m'attend au jardin.

Voilà qui est fort bien; cette page a été mieux lue que les autres:

vous ne vous êtes pas trompé une seule fois.

Allons lisez la dernière page:

Oui, lisons la dernière page.

Vous verrez que je la lirai bien.

Ah! c'est vraiment très bien; vous avez encore lu cette page sans faute.

Mettez votre chapeau et suivez moi:

nous irons au jardin.

Prenez votre petit panier,

nous y mettrons des fruits.

Prenez aussi un morceau de pain ;

vous goûterez dans le jardin.

Puisque vous avez bien lu, je vous donnerai une pêche;

vous la mangerez avec votre pain.

Un enfant ne doit pas

manger les fruits sans pain.

Papa, le jardin est fermé.

Ne soyez pas en peine, mon fils :

j'en ai la clef dans ma poche.

D'ailleurs si nous sonnions,

le jardinier viendrait nous ouvrir.

Avant d'entrer, je dois vous dire

que je ne vous prendra plus avec moi

si vous touchez à quelque chose,

sans que je l'aie permis.

Un enfant ne doit toucher à rien dans un jardin.

Oh! papa, je vous promets de ne toucher à rien.

Je veux que vous soyez toujours content de moi.

Je suis si heureux quand vous êtes content de moi!

Vous voulez bien que je voie les fleurs.

J'ai tant de plaisir à voir les fleurs!

Allons donc au parterre.

La partie du jardin où sont les fleurs s'appèle le parterre.

Oh! mon papa, il n'y a plus de roses;

et il n'y a plus guère de fleurs.

Le temps des roses est passé.

Beaucoup d'autres fleurs sont passées aussi.

Il y a à présent de très beaux fruits.

Nous sommes au tems des fruits.

Les fruits valent bien les fleurs.

J'aime bien les fruits

et j'aime bien les fleurs.

O*h*! papa le*s* beau*x* raisin*s*! il n'y a pa*s* long-tem*s* qu'ils étai*ent* ver*ts*,

et il*s* son*t* maintenan*t* viole*ts*.

Quand il*s* seron*t* bien noir*s*, il*s* seron*t* mûr*s*.

C'e*st* pour cela qu'on les a*p*pèle de*s* raisin*s* noir*s*.

Il*s* doiven*t* être bien bon*s*.

Le*s* raisin*s* ne son*t* bon*s* que quand il*s* son*t* bien mûr*s*.

O*h*! voilà d'autre*s* raisin*s* presque jaune*s*!

E*st*-ce qu'il*s* seront noir*s* quand il*s* seron*t* mûr*s*?

non, mon fi*ls*; il*s* seron*t* seulemen*t* un peu plu*s* jaune*s*.

On les a*p*pèle de*s* raisin*s* blanc*s*.

Voyez donc papa, les grains de raisin blanc sont plus gros que les grains de raisin noirs.

La partie du jardin où l'on cultive les légumes s'appèle le jardin potager.

Un jardin où l'on ne cultive que des légumes s'appèle un jardin potager.

Les plantes et les racines que nous mangeons se nomment des légumes.

Les choux sont des légumes.

La pomme de terre est un légume.

La carrotte et le navet sont des légumes.

Passons par le potager et allons au verger.

Les arbres qui nous donnent des fruits s'appèlent des arbres fruitiers.

La partie du jardin où il n'y a que des arbres fruitiers, s'appèle verger.

Un jardin ou un champ où il n'y a que des arbres fruitiers, s'appèle aussi verger.

Nous voilà donc dans le potager.

Comment s'appèle cette grosse plante qui a des feuilles si larges ?

Il y en a un grand carreau : ce sont des choux.

On en met souvent dans la soupe,

et vous les trouvez bons.

Voilà des carrottes et des navets.

On met aussi des navets et des carrottes dans la soupe.

J'aime bien les navets et les carrottes;

on vous en sert quelquefois en ragoût :

ils sont vraiment fort bons.

Voilà de la laitue et voici de la chicorée.

On en fait des salades que vous aimez bien.

C'est vrai, j'aime bien la salade.

Nou*s* voilà dan*s* le verge*r*.

O*h*! papa le*s* be*l*le*s* prune*s* jaune*s*!

En voilà d'autre*s* qui son*t* viole*t*te*s*.

Le*s* petite*s* prune*s* jaune*s* s'a*p*pèle*nt* de*s* mirabe*l*le*s*.

Le*s* mirabe*l*le*s* son*t* trè*s* be*l*le*s*.

E*l*le*s* son*t* trè*s* bo*n*ne*s*.

Le*s* gro*s*se*s* prune*s* jaune*s* s'a*p*pèle*nt* de*s* reine*s*-claude.

Le*s* reine*s*-claude son*t* trè*s* douces au*s*si.

Le*s* reine*s*-claude son*t* mei*l*leure*s* que le*s* mirabe*l*le*s*.

Le*s* gro*s*se*s* prune*s* viole*t*te*s* s'a*p*pèle*nt* perdrigon.

Voilà encore des abricots;
et voici des pêches.

Les abricots sont jaunes et les pêches sont rouges.

Les abricots, les pêches et les prunes ont chacune un noyau.

On les appèle des fruits à noyau.

Voilà des poires de bon-chrétien.

Elles sont toujours un peu dures; mais elles sont bonnes.

On les garde long-tems.

Voici des poires Saint-Germain;

On dirait quelque fois qu'il y a des pierres dedans;

les Saint-Germain sont de très bonnes poires;

on les garde aussi long-tems.

Voici des poires qn'on appèle doyenné.

Elles sont très belles.

Elles ne sont pas dure comme les bon-chrétien e les Saint-Germain.

Elles fondent dans la bouche on les appèle pour cel poires fondantes.

On ne peut garder longtems les doyenné.

Il y a beaucoup d'autre espèces de poires.

La poire veut être mangée dès qu'elle est mûre.

Il y a des poires qui ne sont jamais bonnes crues;

Pour les manger, il faut les faire cuire.

Voici un autre fruit qui est très bon;

c'est la pomme.

Il y en a de beaucoup d'espèces.

Les meilleures pommes sont les reinettes franches,

les reinettes du Canada,

les reinettes grises, etc.

Les pommes ne mûrissent guère sur l'arbre.

On les cueille avant qu'il ne fasse froid.

On les met sur la paille, à la cave, ou au grenier,

et elles mûrissent peu à peu.

Il y a des pommes que l'on garde deux ans.

Il y a des poires qui mûrissent sur l'arbre; mais il y en a bien peu:

La plupart des poires ne mûrissent que sur la paille.

Il y a dans les pommes et dans les poires de petites graines noires qu'on appèle pepins.

C'est pour cela que les pommes et les poires sont appelées des fruits à pepin.

Je vous ai promis une pêche pour votre goûter.

Allons la choisir.

En voilà une bien belle et bien mûre.

Mangez-la avec votre pain.

Je vous remercie, papa.

Cette pêche est très bonne.

En voici un autre plus belle.

Elle est aussi très mûre.

Mangez-la encore avec votre pain.

Les fruits mûrs font du bien, quand on en mange peu.

Ils font du mal quand on en mange trop.

Les meilleures choses font du mal quand on en mange trop.

Ne mangez jamais les fruits verts;

ils pourraient vous faire beaucoup de mal.

Ecoutez une histoire à ce sujet,

e*ll*e e*st* bien triste, mais e*ll*e e*st* bien vrai*e*.

Alexis étai*t* un peti*t* garçon bien genti*l*;

Il étai*t* trè*s* poli;

Il savai*t* déjà bien lire;

Il savai*t* même un peu écrire.

Mai*s* par malheur, il aimai*t* le*s* frui*ts* ver*ts*.

Sa maman, qui l'aimai*t* beaucou*p*, lui disai*t* souven*t*:

Alexis, ne mange poin*t* de frui*ts* ver*ts*;

Si tu en mange*s* tu sera*s* malade e*t* tu mou*r*ras aprè*s* avoir beaucou*p* sou*f*fer*t*.

Alexis promit de ne plus manger de fruits verts;

mais sa promesse fut bientôt oubliée.

Le jardin touchait à la maison;

Alexis y prenait toutes ses récréations;

mais sa maman ne le quittait presque jamais.

Un jour, un de ses cousins, nommé Léon, vint passer la journée chez lui;

c'était au tems des fruits verts;

c'était à la fin du mois de juin.

Après le déjeûner, nos deux petits garçons se mirent à courir dans le jardin.

La maman ayant du monde ne put les suivre.

En courant dans les allées nos deux jeunes garçons virent un abricotier chargé de fruits.

Les abricots étaient déjà fort gros;

mais ils n'étaient pas mûrs.

Alexis court vers l'arbre;

il trouve à terre quelques abricots;

et, au lieu de penser à sa maman, il ramasse les abricots, et après en avoir goûté, il en donne à Léon qui en mange aussi.

Non contents de manger les fruits qui étaient à terre,

ils en firent tomber de l'arbre;
et ils en mangèrent tant qu'ils eurent tous deux le choléra, et ils moururent le même jour.

Les papas et les mamans de ces deux enfants pleurent encore chaque jour, en disant:

Nos enfans ne seraient pas morts s'ils n'avaient pas mangé des fruits verts.

Voulez-vous venir avec moi, Léon?

Où allez vous donc, mon papa?

Je vais à la vigne, pour voir si les raisins sont mûrs.

Je voudrais bien aller avec

vous; mais mon devoir n'est pas fini.

Il serait fini, si vous n'aviez pas tant joué; vous méritez de ne pas venir;

on ne doit jouer que quand on n'a rien à faire.

Je vais partir sans vous; vous y viendrez demain si vous avez fini vos devoirs de bonne heure, et si vous les avez bien faits.

Le lendemain, Léon fit ses devoirs avant de jouer, il les fit même fort bien;

Son papa lui tint parole:

Il lui permit d'aller avec lui à la vigne.

Papa, voilà beaucoup de raisins.

Sont-ils déjà mûrs?

Je vous permets d'en couper une grappe et de la manger.

Choisissez la plus noire.

Les grappes les plus noires sont les plus mûres.

En voici une bien noire.

Goûtez-en quelques grains.

Comment les trouvez-vous?

Ils sont bien surs:

Ils ne sont donc pas mûrs.

Les raisins mûrs ne sont pas surs, ils sont bien doux.

Le raisin est un fort bon fruit;

Il ne fait jamais de mal quand il est mûr.

Nous ne mangerons pas tous

ces raisins, mon papa.

Qu'en ferons-nous?

Nous en ferons du vin.

On fait le vin avec des raisins.

Il y a du vin rouge et du vin blanc.

Avec les raisins noirs on fait du vin rouge;

avec les raisins blancs on fait du vin blanc.

Fera-t-on bientôt le vin?

On le fera quand les raisins seront bien mûrs.

Pour que le vin soit bon, il faut que les raisins soient bien mûrs.

Quand les raisins sont surs, le vin est sur aussi.

Le soleil est bien chaud aujourd'hui.

S'il fait chaud comme cela pendant huit jours, les raisins seront mûrs.

C'est le soleil qui mûrit les fruits.

Ne vous plaignez pas quand vous aurez chaud :

S'il ne faisait pas chaud, les fruits ne mûriraient point.

Cela arrive quelquefois, et c'est un grand malheur.

On ne fait alors que de mauvais vin ; les fruits ne sont pas bons et ils se gâtent.

Les légumes ne sont pas

bons non plus quand il ne fait pas assez chaud.

Pour que tout aille bien, il faut qu'il fasse froid en hiver et chaud en été.

Ne vous plaignez donc jamais ni du froid ni du chaud.

Germain est un petit garçon des plus gentils.

Vous feriez fort bien d'être en tout comme lui.

Il sait déjà bien lire.

Il écrit aussi fort bien.

Mais ce qui est bien mieux,

c'est qu'il fait sur-le-champ ce qu'on lui dit de faire.

S'il fait quelque chose

qui ne soit pas bien,

il suffit de le lui dire,
il cesse tout de suite.
Il a le cœur si bon,
et il est si poli,
que bien des papas et beaucoup de mamans désirent l'avoir chez eux:
Ils pensent que leurs enfants, jouant avec notre Germain, seront gentils comme lui.
Si Germain sort sans ses parents,
il se conduit toujours bien,
comme s'il était avec eux.
Il ne fait jamais rien qui puisse leur faire de la peine.
Faites comme ce bon Germain,
vous serez heureux comme lui.

Félix vient de voir son cousin; il porte de très beaux fruits, et de fort bons gâteaux, dans un joli petit panier.

Il voit sur son chemin un pauvre enfant à demi nu qui lui parle ainsi:

Mon bon petit monsieur,
je n'ai encore rien mangé.
Je meurs de faim;
donnez moi quelque chose,
je vous en supplie:
ne me refusez pas;
je vais mourir de faim.

En disant ces mots, le pauvre enfant pleure.

Félix a un très bon cœur:

il a pitié du pauvre enfan*t*:
il pleure co*m*me lui;
il lui do*n*ne d'abor*d* de*s* frui*ts*.
Merci, mon bon monsieu*r*.
Le pauvre enfan*t* le*s* mange.
Voye*z* co*m*me il e*st* conten*t*!
Félix lui do*n*ne se*s* gâteau*x*.
L'enfan*t* ne le*s* pren*d* pa*s*.
Je n'ai déjà plu*s* faim.
Prene*z*-le*s*, je vous en pri*e*:
j'en ai à la maison;
maman en fai*t* souven*t*.
L'enfan*t* pren*d* le*s* gâteau*x*.
Merci, mon bon monsieu*r*.
Soye*z* bon co*m*me Félix.

Voici une poule avec se*s* joli*s* peti*ts* pou*s*sin*s*.

Combien en a-t-elle?

Comptez-les, mon cher ami.

Un, deux, trois, quatre, cinq, six, sept, huit, neuf, dix, onze, douze et treize.

Il y en a treize, maman.

Oh! qu'ils sont jolis!

Voyez comme ils courent?

Ils sont pourtant bien petits.

Ils n'ont que dix jours.

Ils n'y a que dix jours qu'ils sont éclos.

Pourquoi la poule gratte-t-elle dans le fumier?

Elle y cherche des graines et de petits vers pour ses petits poussins.

Elle vient sans doute de trouver quelque chose:

elle appèle ses poussins.

Voyez comme ils courent tous vers elle.

Oh! maman, voyez donc ce petit poussin noir;

il gratte comme sa mère.

Il a donc profité des leçons de cette bonne mère.

Vous n'êtes pas toujours aussi gentil:

Vous ne profitez pas toujours de mes leçons.

Les poussins ont froid;

ils se mettent sous leur mère.

Voyez comme elle étend les ailes pour les recevoir.

Tous les poussins sont sous la poule.

Voyez comme elle se baisse pour les mièux réchauffer.

Un chien vient vers elle.

Voyez comme elle le regarde.

S'il va près de la poule, voyons ce qu'elle fera.

Le chien s'avance toujours.

La poule crie déjà bien fort.

Elle quitte ses poussins.

Elle va au devant du chien; elle se jète sur lui: elle s'expose à être mordue pour sauver ses poussins:

Une bonne mère fait toujours ainsi.

Le chien s'enfuit en courant.

Les poussins se remettent sous leur bonne mère.

La pauvre poule a de la peine à se calme*r*.

G*e*orge va à l'église;
a*l*lons-y avec lui.
Il n'a pa*s* l'air di*s*sipé.
Il a un livre sou*s* le bra*s*.
G*e*orge entre dan*s* l'église.
Il pren*d* une chaise.
Il se place dans un coin.
Il se tien*t* ſor*t* bien.
G*e*orge ne tourne poin*t* la tête.
Il li*t* dan*s* son livre.
Un vieillar*d* va ver*s* lui.
A peine il peu*t* marche*r*.
C'e*st* qu'il e*st* bien vieu*x*.
Son bâton le soutien*t*.
Le vieillar*d* ne peu*t* s'a*s*s*e*oir;

il, n'a poin*t* de chaise :
il ne peu*t* la paye*r*.
Ce viei*ll*ar*d* e*st* malheureu*x* :
on voi*t* qu'il sou*f*fre.
Il ne peu*t* pa*s* reste*r* debou*t*.
A*h!* le pauvre vieillar*d!*
Se*s* jambe*s* son*t* si faible*s* !
Il va s'en a*l*le*r*.
George lui do*n*ne sa chaise.
A*s*seye*z* - vou*s*, bon vieillar*d*.
Je pui*s* reste*r* debou*t*, moi :
j'ai deu*x* bo*n*ne*s* jambe*s*.
Je vou*s* remerci*e*,
mon bon peti*t* monsieu*r*.
J'a*l*lai*s* sortir de l'église ;
je ne pouvai*s* reste*r* debou*t*.
George e*s*t un bon garçon.
Soye*z* bon*s* co*m*me lui.

Agathe est une charmante petite fille.

Elle est surtout très polie.

Elle n'oublie jamais de dire monsieur, si c'est un monsieur qui lui parle;

et elle dit madame, quand c'est une dame.

L'autre jour, une dame vint faire une visite à sa maman;

Agathe la salua fort bien.

Elle lui offrit une chaise;

elle lui prit son chapeau

qu'elle posa sur un meuble.

Cette dame en était enchantée.

Venez vers moi, Agathe,

lui dit cette dame.

Venez que je vous embrasse.

Voilà une grande poupée.

Comment la trouvez-vous?

Elle est fort jolie.

Je vous la donne, lui dit cette jeune dame.

On l'a faite pour vous, parce que vous êtes bien polie.

Agathe salue la dame avec beaucoup de grâce.

Je vous remercie, madame.

Ensuite elle courut montrer sa poupée à ses sœurs; car elle partage tous ses plaisirs avec elles.

Elle les laisse jouer avec tous ses joujoux.

Quand elle a des fruits ou

bien des gâteaux, elle les partage toujours avec ses jeunes sœurs.

Agathe aime aussi beaucoup à travailler.

Sa maman lui a appris à coudre, à ourler et à broder.

Elle a fait toute seule une jolie robe à sa poupée.

Cette robe est très bien faite.

Elle a ourlé douze mouchoirs pour son petit papa;

et ils sont bien ourlés.

Agathe ne s'ennuie jamais.

Elle est toujours bien gaie.

Imitez Agathe, mes enfants, et vous serez heureux.

Armand, puisque vous avez bien dit vos leçons,

vous allez sortir avec votre bonne.

Vous irez voir patiner.

Quand vous serez plus grand garçon, vous patinerez aussi:

Je vous donnerai mes patins.

Prenez votre goûter dans un petit panier;

mettez vos gants et allez vous-en.

Ne tardez pas davantage.

Sortez pendant qu'il fait soleil.

Ne rentrez pas trop tard:

Il fera bien froid ce soir quand le soleil sera couché.

Ma bonne, voilà un petit enfant qui pleure.

Que lui a-t-on fai*t*?

On ne lui a rien fai*t*;

il pleure parce qu'il a froi*d*.

Pourquoi ne va*s*-tu pa*s* te chauſſer, mon peti*t* garçon?

Il n'y a pa*s* de ſeu che*z* nou*s*.

O*h*! mon Dieu! il n'a poin*t* de ba*s*!

il n'a poin*t* de soulie*rs*!

il marche nu pie*ds* sur la glace.

Pourquoi n'e*s*t-il pa*s* chau*ss*é?

Se*s* paren*ts* son*t* pauvre*s*:

il*s* n'on*t* poin*t* d'argen*t* pour lui acheter de*s* ba*s* e*t* de*s* soulie*rs*.

O*h*! que je le plain*s*!

il doi*t* avoir bien froi*d*.

Ce n'est pas tout ;

il a peut-être bien faim aussi.

Qu'as-tu mangé aujourd'hui, mon petit garçon?

Je n'ai encore rien mangé :

Maman n'a point de pain,

et l'on ne m'a rien donné.

Pauvre petit garçon!

Ma bonne, si je lui donnais mon goûter?

J'ai pris ce matin une grande tasse de lait avec du pain :

Je puis bien rester sans manger jusqu'au dîner.

Tiens, mon petit garçon, voilà mon goûter.

Je vous remercie, mon bon monsieur.

Je vais le porter à maman;
elle a bien faim aussi,
et elle ne sort pas de chez nous.

Elle pleure toujours, maman.

Elle attend mon papa qui travaille bien loin d'ici.

Papa n'envoie pas d'argent, parce qu'il est malade;
il a écrit qu'il viendrait demain.

Quand mon papa sera ici, il gagnera de l'argent;
et maman ne pleurera plus.

Où est votre maison, mon petit garçon?

Elle est dans cette rue, au numéro trente.

Comment se nomme votre maman?

Elle se nomme madame Mathieu.

Moi, je me nomme Louis.

C'est bon, c'est bon, Louis.

Allez vers votre maman.

Dites-lui de ne pas tant pleurer.

Elle en serait bientôt malade.

Je parlerai d'elle à maman:

Maman est très bonne;

elle aura soin de vous.

Au lieu d'aller voir patiner,

Armand retourna à la maison.

Il parla de Louis et de sa maman à ses parents.

Il obtint la permission de porter sa petite bourse à Louis.

La maman d'Armand, charmée de son bon cœur, lui remit

des bas et des souliers pour le pauvre Louis;

Et elle eut soin de cette famille.

Le chat va souvent sous l'armoire de maman.

Il se met toujours près d'un trou qu'il y a au mur.

Il regarde vers ce trou.

Il ne remue point.

Il y a sans doute des souris dans ce trou.

Le chat guette les souris.

Si elles sortent, il les croquera.

Le chat prend les souris et il les mange.

Fi! le méchant! je n'aime plus le chat.

Les souris sont si jolies!

Les souris sont jolies, c'est vrai;

mais elles mangent les fruits et tout ce qu'elles trouvent.

Elles rongent aussi le linge.

Si on ne tuait pas les souris,

il y en aurait beaucoup;

et elles détruiraient toutes nos provisions.

On n'aime les chats que parce qu'ils détruisent les rats et les souris.

Le chat paraît bien doux,

il semble bien gentil;

mais il ne l'est pas toujours:

Il égratigne souvent la main qui le nourrit.

Il ne fau*t* guère jouer avec lui :

Il pou*r*rai*t* bien vou*s* égratigne*r*.

Ne lui faite*s* pourtan*t* pa*s* de mal.

Le chien n'e*st* pas ainsi :

il care*s*se la main qui le ba*t*.

Sa joi*e* e*st* trè*s* grande,

il e*s*t heureu*x* quan*d* son maître le care*s*se.

Le chien e*st* fort utile :

Il veille la nui*t* autour de la maison.

S'il enten*d* la moindre chose, il averti*t*, il aboi*e*.

Il défen*d* son maître quand on l'a*t*taque.

Il l'aime aussi beaucou*p*.

Il ne le quitte pas un moment.

S'il le perd, il sait le retrouver.

Avec son nez, il reconnaît les endroits où son maître est passé.

Vous pouvez jouer avec le chien,

il ne vous fera pas de mal.

Les animaux que l'homme tue à la chasse s'appellent du gibier.

Les lièvres sont du gibier.

Les chevreuils sont du gibier.

Les perdrix sont du gibier.

A la chasse, le chien indique le gibier à son maître.

Le gibier a beau se cacher,

le chien sait le trouver,

et il le force à fuir pour que son maître le voie.

Le chien garde encore le*s* mouton*s* avec le berge*r*.

San*s* le chien, le lou*p* mangerai*t* le*s* mouton*s*.

Mai*s* le chien do*n*ne la cha*s*se au lou*p* e*t* le tú*e*.

O*h*! le vilain lou*p*!

le*s* mouton*s* son*t* si dou*x*!

la laine de*s* mouton*s* e*t* de*s* brebi*s* sert à nou*s* faire de*s* vêtemen*ts* bien chau*ds* pour l'hiver.

Bonjour, ma chère tante;
co*m*men*t* vou*s* portez-vou*s*?
co*m*men*t* se porte mon oncle?
Bonjour, mon cher neveu;
nou*s* nou*s* porton*s* tou*s* bien.

E*t* toi, co*m*men*t* te porte*s*-tu? co*m*men*t* se porte ton papa? co*m*men*t* se porte ta maman? Il*s* se porte*nt* for*t* bien.

Je vou*s* remerci*e*, ma tante.

Mai*s* tu *es* bien genti*l* de venir nou*s* voir.

A quoi devon*s* nou*s* ta visite, mon cher Julien?

J'ai gagné la croi*x* de ma cla*s*se, e*t* papa m'a permi*s* de venir passe*r* la journée avec me*s* cousin*s*.

Où son*t* don*c* me*s* cousin*s*? Il*s* ne son*t* pa*s* malade*s*? Il*s* se porte*nt* trè*s* bien.

Il*s* fon*t* leur*s* devoir*s* pour demain.

Ils auront bientôt fini:
vous irez jouer dans le jardin.
Mais je les entends venir.
Bonjour, mes chers enfants.
Voilà Julien, votre cousin;
il est fort gentil:
il a gagné la croix de sa classe,
et son papa lui a permis de venir passer la journée chez nous.

Quand vous gagnerez la croix,
vous irez passer la journée chez lui.

Je suis bien sûre que vous ferez plaisir à son papa et à sa maman.

Pour moi, j'aime bien Julien,

surtou*t* quand il gagne la croi*x*.

A*ll*ez jouer avec lui dan*s* le jardin ;

prêtez-lui tou*s* vo*s* joujou*x*.

L'enfan*t* qui gagne la croi*x* doit être bien fêté.

Je vai*s* faire un gros e*t* bon gâteau pour votre goûte*r*.

O*h*! j'aime bien les enfan*ts* qui gagn*ent* la croi*x*.

E*h*! bien, maman, no*s* devoir*s* de ce matin son*t* bien fai*ts*.

Notre maître sera conten*t* de nou*s*:

nou*s* saurons aussi trè*s* bien no*s* leçon*s*;

nou*s* ferons de même tou*s* le*s* jour*s*;

ainsi, nous ne pouvons manquer de gagner la croix;

et alors nous irons passer la journée chez Julien.

Viens, Julien; allons jouer dans le jardin.

Mais viens plutôt voir nos joujoux.

Prends ceux que tu voudras;
tu nous feras plaisir:
nous t'aimons bien.

O! mes bons cousins,
je vous aime aussi beaucoup.
Je ne veux pas vous priver de vos joujoux:
j'ai les miens chez nous;
vous les verrez quand vous viendrez me voir.

Allons dans le jardin.

Bon! nous voilà dans le jardin.

Le tems est fort beau.

A quel jeu jouerons-nous?

Jouons au collin-maillard.

Mais nous ne sommes que trois:

il faut être plus nombreux pour jouer au collin-maillard.

Jouons à la pelotte.

Si nous étions huit, nous jouerions aux barres.

C'est un jeu bien amusant.

Allons, jouons à la pelotte.

Quand ce jeu t'ennuiera, nous en prendrons un autre.

Ce jeu m'amuse beaucoup.

Il semble que Julien a froid;

courons jusqu'au fond du jardin.

Nous voilà au fond du jardin.

Si tu as froid, nous courrons encore.

Voilà une grosse toupie.

Fouette-la un peu fort;

tu auras bientôt chaud.

C'est fort bien, Julien;

tu fouettes bien la toupie.

Mes amis, maman nous fait signe de rentrer.

Sans doute qu'il est tems de goûter.

Rentrons à la maison.

Eh! bien mes bons enfants,

avez-vous bien joué?

Oui, ma tante; et mes cousins sont très bons pour moi.

C'est fort bien, mes enfants.

Il faut être toujours bons.

Le gâteau est déjà cuit.

Je crois qu'il sera bon.

Vous allez bien goûter.

J'ai fait tirer du vin blanc.

Nous boirons tous à la santé de Julien.

Le gâteau est très bon.

Allons, à la santé de celui qui a gagné la croix.

Oh! la croix, la croix! mes enfants,

il faut la gagner souvent.

Tiens, Julien, voilà une belle toupie.

Quand tu gagneras encore la croix, je te donnerai autre chose.

Je vous remercie, ma bonne tante:

vous avez trop de bonté pour moi.

A présent que tu as bien joué et bien goûté, tu vas rentrer chez toi.

Tu diras bien des choses de ma part à ton papa et à ta maman.

Je vous remercie, ma chère tante.

Je dirai aussi tout ce que vous avez fait pour moi.

A revoir ma tante, à revoir mes cousins.

Comment se nomme cette jeune fille?

On la nomme Babet.

Je suis bien aise de savoir son nom:

Elle est fort gentille.

Elle tient fort bien sa tête:

Elle ne la laisse pencher ni à droite ni à gauche.

Elle ne la tourne pas trop vite.

Babet tient aussi fort bien ses bras.

Je suis charmé de son maintien.

Ah! voilà une dame qui va vers elle.

Babet salue avec beaucoup de grace.

Ecoutons-la un peu.

Babet parle très bien;

elle est surtout bien polie.

Voyez! voyez! cette dame lui offre un chapeau pour sa poupée.

Babet le refuse.

Madame, je vous remercie;

maman me gronderait:

Elle m'a défendu d'accepter la moindre chose des personnes qui ne sont pas de ma famille.

C'est bien, mon enfant;

il faut obéir à sa maman.

Babet doit bien marcher:

Elle n'est point crottée.

Il y a pourtant beaucoup de boue.

C'est que Babet choisit bien ses pas.

Elle ne regarde pas en l'air en marchant.

Elle suit son chemin.

Voilà sans doute sa maison:

Elle en ouvre la porte avec une clef.

Cette maison paraît bien propre.

Entrons dans la maison de Babet :

Je connais son père;

c'est mon tailleur.

La maison de Babet est fort propre;

elle fait plaisir à voir.

Chaque meuble y est à sa place.

Rien n'y traîne.

Chaque meuble est bien soigné.

On n'y voit point de poussière.

Tout y est bien frotté chaque jour.

Une jeune fille doit être propre.

Elle doit être bien rangée.

Je souhaite que toutes les petites filles soient propres et rangées comme Babet.

Mettre chaque chose à sa place;

serrer avec soin toutes ses choses,

c'est avoir de l'ordre.

Faire chaque chose à la même heure, chaque jour,

c'est encore avoir de l'ordre.

J'aime bien les enfants qui ont de l'ordre.

Manger quelque chose à une heure réglée c'est faire un repas.

Le repas c'est ce que l'on mange.

Combien de fois mangez-vous chaque jour?

Combien faites-vous de repas par jour?

Je mange quatre fois par jour.

Je fais quatre repas par jour.

Je mange à sept heures et demie du matin;

je mange à midi;

je mange à quatre heures;

et je mange à huit heures du soir.

Le repas de sept heures et

demie du matin s'appèle le déjeûner.

Le repas de midi s'appèle le dîner.

Le repas de quatre heures s'appèle le goûter.

Le repas de huit heures du soir s'appèle le souper.

Il y a bien des gens qui ne font que trois repas.

C'est alors le déjeûner, le goûter et le dîner;

mais dans ce cas le repas de midi s'appèle le goûter,

ou bien le second déjeûner;

et le repas de cinq heures s'appèle le dîner.

Il y a aussi bien des gens qui ne font que deux repas.

C'est le déjeûner et le dîner.

Ces gens-là déjeûnent à dix ou onze heures;

et ils dînent à quatre ou cinq heures.

Si vous mangez peu à chaque repas,

on dira que vous êtes sobre.

Les gens sobres se portent bien et ils vivent long-tems.

Si vous êtes sobre vous ferez mieux vos devoirs.

Les enfants qui mangent beaucoup sont des gourmands.

Les gourmands font mal leurs devoirs.

Ils sont souvent malades.

Les gourmands ne vivent pas long-tems.

Pour qu'un repas vous profite, il faut qu'il soit frugal.

Un repas est frugal lorsqu'il n'y a que ce qu'il faut.

Avec un peu de viande et des légumes on fait un bon repas.

On fait aussi un bon repas avec du pain et des légumes.

On fait encore un bon repas avec du pain et des fruits.

Cela dépend du goût et surtout de l'habitude.

Il y a bien des gens qui ne mangent que du pain, des légumes et des fruits, et ils se portent bien.

Il y a encore des gens qui ne mangent que des pommes de

terre et du laitage et qui se portent bien.

Encore une fois, cela dépend du goût et surtout de l'habitude.

Ne mangez jamais qu'à vos repas et si vous avez faim;

alors ce que vous mangerez vous profitera, si vous ne mangez pas trop.

Soyez sobre, aimez la sobriété, vivez sobrement et vous vivrez long-tems en bonne santé.

Que tenez-vous là dans la main?

Maman, c'est un canif.

C'est le canif de papa.

Donnez-moi ce canif:

un petit garçon ne doit pas avoir de canif.

Le canif sert à tailler les plumes.

Un petit garçon ne taille point ses plumes.

Vous aurez un canif quand vous saurez bien écrire.

Il ne faut point jouer avec le canif;

vous vous couperiez les doigts.

Vous ne devez pas non plus avoir de couteau:

un petit garçon n'a pas besoin de couteau.

Il ne saurait point s'en servir.

Il n'en a pas besoin:

il a de bonnes dents.

Un petit garçon prit un jour le canif de son papa.

Il s'en servait pour couper du bois;

cela n'était pas bien.

Tout à coup un chien veut jouer avec lui.

Le chien fit tomber le petit garçon.

Le garçon tomba sur le canif;

ce canif était ouvert.

Le garçon en fut blessé;

il en souffrit long-tems,

et il en mourut.

Ne jouez ni avec les couteaux ni avec les canifs.

Craignez le sort du petit garçon.

Ne jouez pas près du puits.
Le puits est bien profond;
il y a de l'eau dedans.
Surtout ne regardez pas dans le puits:
vous pourriez y tomber,
et vous seriez noyé.
Une petite fille alla jouer un jour près d'un puits;
elle était toute seule:
elle voulut regarder dedans;
elle s'avança vers le bord du puits;
elle avança trop la tête,
et elle tomba dans l'eau.
Elle eut beau crier;
personne ne l'entendit,

elle fut bientôt noyée.

Elle mourut dans l'eau.

On la chercha long-tems;

on ne la trouvait point.

Enfin on chercha dans le puits et on l'y trouva.

Elle était morte.

Sa maman la pleura long-tems;

car elle l'aimait beaucoup.

Elle disait toujours:

Si ma fille n'était pas allée près du puits,

elle vivrait encore.

Venez dans le bosquet;

vous y serez à l'ombre:

Il n'y fait pas bien chaud.

Il n'y a plus de boue:
le soleil l'a séchée.
Le soleil sèche la boue.
Le chemin est propre.
Nous voilà au bosquet.
Voyez les jolies fleurs!
Il y en a partout.
Les arbres sont tout verts;
voyez qu'ils sont beaux!
Le vent souffle bien peu:
à peine il remue les feuilles.
Ne courez pas trop fort:
vous auriez bien chaud.
Vous courrez ce soir,
quand il ne fera plus chaud.
Ne grimpez pas à cet arbre:
il ne fait aucun fruit.
Il a de grosses épines;

vous en serie*z* piqué,
e*t* vous aurie*z* bien mal.
Restez a*ss*i*s* sur le gazon;
écoute*z* le*s* peti*ts* oiseau*x*,
leur chan*t* réjoui*t* tou*t* le monde.
Le*s* fraise*s* sont en fleur;
e*ll*e*s* seron*t* bientô*t* mûre*s*:
il y en aura dans un moi*s*.
Il y aura plutô*t* de*s* cerise*s*.
Voye*z*, e*ll*e*s* son*t* déjà gro*ss*e*s*.
Le*s* cerise*s*, le*s* fraise*s*, voilà le*s* premie*rs* frui*ts*.
Ce son*t* de trè*s* bon*s* frui*ts*.
Le*s* frui*ts* rouge*s* son*t* bon*s* pour la santé.

Le soleil se lève le matin.
Il s'élève dan*s* le ciel,

jusque vers le milieu du jour:
il est alors midi.

Le matin dure jusqu'à midi;
après midi c'est le soir.

Le matin et le soir font un jour.

Le soleil est toujours brillant;
mais il est bien chaud à midi.
Il est moins chaud le soir;
il n'est pas si chaud le matin.

Il faut que le soleil soit chaud.

La chaleur du soleil mûrit les fruits.

S'il ne faisait pas chaud,
nos fruits ne seraient pas bons:
ils seraient tout verts.

Les fruits verts ne sont pas bons.

Je vous l'ai déjà dit:

à midi le soleil baisse, jusqu'au moment où il se couche.

C'est le soleil qui nous éclaire.

Quand le soleil est couché, il ne fait plus si clair; il est bientôt nuit.

Le jour revient quand le soleil veut se lever.

La lune nous éclaire la nuit; sa lumière est bien douce: vous pouvez regarder la lune.

On ne peut regarder le soleil: il éblouit les yeux.

Voyez quel beau clair de lune.

Ce gros nuage va cacher la lune.

La lune est derrière le nuage; nous ne la voyons plus.

Il ne fait plus si clair.

Le nuage s'en va.

Nous reverrons bientôt la lune.

Voilà encore la lune.

Le nuage est déjà bien loin.

Les nuages voyagent dans le ciel.

Ils cachent quelquefois le soleil.

Alors le jour n'est pas si beau; mais on voit clair.

Les nuages vont de tous côtés.

C'est le vent qui les pousse.

Je vous ai déjà dit cela.

Regardez le ciel vers ce côté: il n'y a point de nuages.

Combien voyez-vous d'étoiles?

J'en vois beaucoup, beaucoup:

on ne peu*t* le*s* com*p*te*r*.

Le ciel san*s* nuage*s* e*st* tou-jour*s* beau.

Il y a des étoile*s* le jour; mais on ne le*s* voi*t* poin*t*, parce qu'il fai*t* tro*p* clair.

Frédéric se tien*t* for*t* bien à table; il n'a*p*pui*e* poin*t* le*s* coude*s*; il n'a*p*pui*e* que le*s* poigne*ts*. Que*l*le posture décente! Voye*z* donc; il ne jète rien à te*r*re: il me*t* les os e*t* le*s* épluchure*s* sur le bor*d* de son assie*t*te.

Frédéric e*st* for*t* genti*l*. Il ne joue ni avec son couteau, ni avec sa fourchette, ni avec sa cuiller;

il pourrait se blesser ou blesser ses voisins.

Lorsqu'il veut boire, il s'essuie proprement la bouche et il avale le morceau :

on ne boit point avec la bouche pleine.

Frédéric mange avec beaucoup de propreté;

on ne l'entend point manger.

Il ne demande rien à table, si ce n'est du pain ou à boire.

On ne l'oublie jamais, parce qu'il est très docile.

Il ne parle jamais à table,

à moins qən ce ne soit pour

répondre à quelque chose qu'on lui demande.

Il se tient fort bien sur sa chaise;

il ne remue point les jambes à table;

il craindrait d'incommoder ses voisins.

Il ne prend pas de trop gros morceaux et il ne mange pas trop vîte.

Il avale chaque morceau avant d'en prendre un autre.

Il y a long-tems qu'il mange à table avec ses parents.

Il ne se plaint jamais de ce qu'on lui donne, et il remercie chaque fois qu'il reçoit quelque chose.

Je vous conseille d'imiter Frédéric.

Ne jetez jamais des pierres :
vous pourriez blesser quelqu'un
et vous en seriez bien fâché.
Écoutez une histoire à ce sujet.
Elle est bien triste ;
mais elle est bien vraie.
Louis savait déjà bien lire ;
il écrivait aussi très bien.
On dit même qu'il était poli et
qu'il apprenait bien ses leçons ;
mais, par malheur,
il se plaisait à jeter des pierres.
Il avait une sœur fort gentille.
Ils s'aimaient tous deux comme

doivent s'aimer un bon frère et une bonne sœur.

Cette sœur lui disait souvent:

Mon ami,

si tu jètes des pierres, il arrivera quelque grand malheur.

Je te prie de n'en plus jeter.

Louis promit de se corriger et il sortit avec sa maman.

Sa sœur alla se promener dans le jardin qui touchait à la maison.

Louis oublia bientôt sa promesse:

en retournant chez lui,

il jeta une pierre dans le jardin et il creva un œil à sa sœur.

Voyez-vous ce petit garçon qui écrit devant une table?

C'est le fils de M. Doriménil.

Il s'appèle Charles.

Je vous prie de remarquer sa posture.

Il tient son corps fort droit;

sa tête est un peu inclinée sur le devant;

son bras gauche pose entièrement sur la table:

ce bras porte tout le poids du corps.

Le bras droit n'est pas trop près du corps.

Charles tient sa plume avec le pouce, l'index et le doigt majeur.

Il ne la presse pas trop fort.

Les deux autres doigts sont mollement pliés sous la main,

de manière à en supporter le poids.

Charles plie très bien son pouce en écrivant.

Il copie son modèle avec une exactitude qui surprend.

Avant de faire une lettre ou un mot, il regarde son modèle, afin de bien saisir la forme de chaque lettre et de la placer à la distance convenable.

Aussitôt qu'il a fait une lettre ou un mot,

il regarde encore son modèle, afin de voir s'il a bien copié.

Il écrit lentement et le mouvement de sa plume est toujours égal;

aussi, dans peu de tems, son écriture est devenue extrêmement jolie.

Je veux que mon garçon sache patiner et glisser sur la glace;

j'aime qu'il y glisse:

je désire qu'il soit adroit et surtout qu'il ne soit pas poltron.

Mais avant de glisser sur la glace, il faut bien s'assurer qu'elle est assez épaisse, qu'elle est assez forte pour ne pas se rompre sous les pieds des patineurs.

Un enfant ne doit jamais patiner ni glisser sur la glace qu'en compagnie de grandes personnes et avec la permission de ses parents.

Pendant une belle journée d'hiver, Auguste et Julien se promenaient dans les champs.

Arrivés au bord d'un étang déjà gelé, ils y virent quelques petits garçons qui s'amusaient à glisser sur la glace.

Ils se joignirent bientôt à eux.

Un vieux paysan qui les regardait faire, leur dit :

Mes bons petits amis, ne glissez que sur les bords de l'étang :

Vers le milieu il y a beaucoup d'eau et la glace n'y est pas assez forte pour vous porter.

Si vous y alliez, vous vous noieriez infailliblement.

Croyez-moi, mes amis, ne quittez pas les bords de l'étang ;

vous y risquere*z* moin*s*, parce qu'il y a peu d'eau e*t* que la glace y e*st* par ce*t*te raison asse*z* forte.

No*s* jeunes étourdi*s* se moquère*nt* de ce sage conseil e*t*, excité*s* les un*s* par les autre*s*, il*s* couruer*nt* ensemble ver*s* le milieu de l'étang.

A peine y étai*ent*-ils arrivé*s* que la glace se rompi*t* e*t* qu'il*s* tombère*nt* tou*s* dan*s* l'eau.

Notre bon campagnar*d* courut à leur secour*s*; mai*s*, malgré tou*s* ses effor*ts*, il n'en pu*t* sauve*r* que deu*x*.

Les autres étai*ent* mor*ts* lorsqu'on le*s* retira de l'eau.

Julien péri*t*.

Auguste fut assez heureux pour être retiré des premiers.

On ne l'a jamais vu depuis sur la glace.

Julie avait à peine sept ans qu'elle cousait déjà fort bien :

elle ourlait des mouchoirs très fins ;

elle faisait même toutes ses robes.

A cause de cela, sa maman lui avait donné un très bel étui plein d'aiguilles de toute grosseur et une jolie paire de ciseaux, dans leur gaîne.

En lui faisant ce cadeau, sa maman lui dit :

Julie, servez-vous de vos aiguilles, mais n'en laissez jamais traîner;

quelqu'un pourrait s'y blesser.

Aussitôt que vous vous en serez servie, vous les serrerez donc dans votre étui.

L'étui est fait pour serrer les aiguilles.

Vos ciseaux sont fort pointus;

par les mêmes raisons vous les remettrez dans leur gaîne dès que vous vous en serez servie.

Surtout ne jouez jamais lorsque vous avez des aiguilles ou des ciseaux dans les mains:

Vous pourriez faire beaucoup de mal à vos amies et vous en seriez très fâchée.

Ces avis étaient fort sages:

Pourquoi Julie ne les suivit-elle pas?

Elle aurait évité un grand malheur.

Pendant qu'elle cousait un jour dans sa chambre,

Eugénie son amie vint la voir.

Julie courut au devant d'elle pour l'embrasser.

Elle tenait alors par malheur ses ciseaux, qu'elle oublia de remettre dans leur gaîne.

Tout à coup Eugénie poussa un grand cri.

Nous accourûmes tous pour voir ce que c'était.

La pauvre enfant cachait un œil avec sa main.

Mais le sang qui en coulait nous fit assez voir qu'elle était blessée grièvement.

En effet, l'œil était crevé.

Julie eut beau pleurer, se désoler ;

Eugénie resta borgne toute sa vie.

Le maçon bâtit les maisons.

Le serrurier fait des clefs, des serrures et il ferre les portes, les croisées et les persiennes.

Le couvreur fait les toits des maisons.

L'ébéniste fait les meubles.

Le maréchal ferre les chevaux.

Le cordonnier fait des souliers.

Le bottier fait des bottes.

Le fondeur fait des cloches, des sonnettes.

Le coutelier fait des couteaux.

Le tourneur fait des boules.

Le laboureur cultive les champs.

Le vigneron soigne la vigne.

Le jardinier a soin du jardin.

Le bûcheron coupe le bois.

Le tonnelier fait les tonneaux.

Le charron fait les charrues et les chariots.

Le sellier fait les selles, les brides et les voitures.

Le boulanger fait du pain.

Le pâtissier fait des pâtés et des gâteaux.

Le luthier fait des violons, des flûtes, des clarinettes, etc.

Le charcutier fait des saucisses et le boudin.

Le bouvier garde les bœufs.

Le berger garde les moutons.

Le pharmacien prépare les médecines, les remèdes.

Le cloutier fait des clous.

L'orfèvre travaille l'or et l'argent.

Le vannier fait des paniers, des corbeilles.

Le boucher égorge les bœufs, les moutons et vend de la viande.

Le tailleur fait des habits, des pantalons.

Le meunier moud le grain; il en fait de la farine.

Le peintre fait des portraits et des tableaux.

Le potier fait des pots, des plats et des assiettes.

Le lampiste fait des lampes.

Le ferblantier fait des lanternes, des entonnoirs, des arrosoirs, des cors pendants, etc.

Le confiseur fait les bonbons et les sucreries.

Le chasseur prend le gibier.

L'oiseleur prend les oiseaux et il en vend.

Les menuisiers font les portes, les croisées, les volets, les persiennes.

Les charpentiers font les planchers, la charpente des maisons.

L'imprimeur imprime les livres.

FIN DE LA DEUXIÈME PARTIE.

OUVRAGES DU MÊME AUTEUR.

Leçons d'écriture utilisées, ou *nouveaux Exercices de Grammaire*; 15 modèles d'écriture cursive en fin, présentant l'application de toutes les règles de grammaire qui se rapportent à l'orthographe : *prix* : 1 fr. 50 c.

La Citolégie, nouveau Maître de lecture; théorie-pratique en 30 tableaux : *prix* : 2 fr. 50 c.

La Citolégie, nouveau Maître de lecture, théorie-pratique, in-12 : *prix* : 1 fr. 25 c.

La Citolégie, nouveau Maître de lecture pratique, pour être mis entre les mains des enfants; volume in-16 de 80 pages : *prix* : 25 c.

Phraséologie française élémentaire, ou Exercices de grammaire sur un plan entièrement neuf; 1re partie, cartonnée : *prix* : 50 c.

Nouvelles Lectures graduées, en 4 parties in-18, qui se vendent séparément; *prix* de chaque partie cartonnée: 30 c.

Nota. Ce dernier ouvrage facilite singulièrement les progrès des enfants vers la lecture courante.

Petits Contes, traduits de l'allemand, avec un moyen nouveau d'étendre le vocabulaire des enfants. Chaque volume de 108 pages : 30 cent. cartonné.

www.ingramcontent.com/pod-product-compliance
Ingram Content Group UK Ltd.
Pitfield, Milton Keynes, MK11 3LW, UK
UKHW020352230726
13925UKWH00003B/1088

9 782014 445497